KB197293

가짜 뉴스와 진짜 뉴스를 구별할 수 있어?

조이스 그랜트 글   캐슬린 마르코트 그림   한성희 옮김

진정한 친구 발에게, 날 믿어 줘서 고마워. - 조이스 그랜트

엄마 아빠에게, 계속 도와주셔서 고마워요. - 캐슬린 마르코트

가짜 뉴스와 진짜 뉴스를 구별할 수 있어?
Can you believe it?: How to Spot Fake News and Find the Facts

1판 1쇄 | 2024년 1월 2일

글 | 조이스 그랜트
그림 | 캐슬린 마르코트
옮김 | 한성희

펴낸이 | 박현진
펴낸곳 | (주)풀과바람
주소 | 경기도 파주시 회동길 329(서패동, 파주출판도시)
전화 | 031) 955-9655~6
팩스 | 031) 955-9657
출판등록 | 2000년 4월 24일 제20-328호
블로그 | blog.naver.com/grassandwind
이메일 | grassandwind@hanmail.net

편집 | 이영란
마케팅 | 이승민

값 15,000원
ISBN 979-11-7147-032-7 77840

First published in English under the title: Can you believe it? : How to Spot Fake News and Find the Facts

Text ⓒ 2022 Joyce Grant
Illustrations ⓒ 2022 Kathleen Marcotte
Published by permission of Kids Can Press Ltd., Toronto, Ontario, Canada.
All rights reserved. No part of this publication may be reproduced, stored in a retrieval system or transmitted, in any form or by any means, electronic, mechanical photocopying, sound recording, or otherwise, without the prior written permission of GrassandWind Publishing.
Korean Translation Copyright ⓒ 2024 by GrassandWind Publishing
Korean edition is published by arrangement with Kids Can Press Ltd. through Imprima Korea Agency

이 책의 한국어판 저작권은 Imprima Korea Agency를 통해 Kids Can Press Ltd.와의 독점계약으로 (주)풀과바람에서 있습니다.
저작권법에 의해 한국 내에서 보호를 받는 저작물이므로 무단전재와 복제를 금합니다.

※잘못 만들어진 책은 구입처에서 바꾸어 드립니다.

차례

시작하는 글:

찾았다! 가짜 뉴스 발견

정말 재미있었지만, 사실이 아니었던 영상이나 뉴스 기사에 속아 본 적이 있나요? 아마 있을 거예요. 우리 모두 그런 적이 있거든요.

가끔 뭘 믿어야 할지 알기 어려울 때가 있어요. 크고 잘 알려진 뉴스 **웹사이트**에 올라온 동영상과 게시물은 믿을 수 있는 편이에요. 하지만 **과장**하거나 거짓말이 섞인 동영상이나 기사, 게시물 등의 '가짜 뉴스'를 올리는 웹사이트와 **소셜 미디어** 계정도 아주 많아요. 어떤 게 가짜고 어떤 게 진짜인지 구별하기가 어려울 수 있어요.

예를 들어, 아래 **헤드라인** 가운데 어떤 것이 가짜 기사인지를 맞춰 보아요.

A. 갑자기 솟아오른 화산

B. 지구처럼 생긴 새로운 행성 '로스'의 발견

C. 이전에 알려지지 않은 비틀스 노래가 도서관 지하에서 발견되다

D. 시에서 토끼를 안아 줄 자원봉사자를 찾는 중

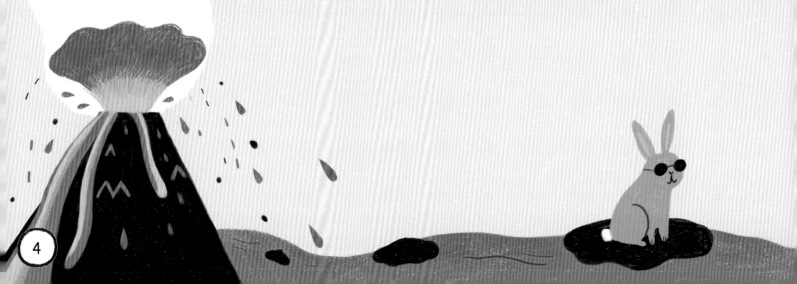

이 중에 세 개가 진짜 기사라는 사실이 가장 이상하지 않나요? 다 믿기 힘들어 보이거든요. 하지만 하나하나씩 살펴보면 가능할 것 같아요. 바로 이거예요. 가짜 뉴스에는 종종 사실이 약간 섞여 있어서 찾아내기가 더 어려울 수 있거든요.

가짜 뉴스를 찾기 어려운 또 다른 이유는 쓰인 방식 때문이에요. 진짜 뉴스는 뉴스 기사나 신문체로 써요. 가짜 뉴스를 쓰는 사람은 종종 그 방식을 흉내 내서 거짓말을 진짜인 것처럼 만들거든요.

정답: 어떤 제목이 가짜일까요?

A. 진짜! 1943년 2월 20일 멕시코에 있는 디오니시오 풀리도란 사람의 옥수수밭이 쩍 갈라지면서 갑자기 높이 2미터의 화산이 땅에서 솟아올랐어요! 파리쿠틴 화산은 9년 동안 돌과 화산재와 용암을 내뿜은 뒤에 활동을 멈췄어요.

B. 진짜! 지구와 똑같은 크기의 행성이 2017년에 발견되었어요. 이 행성은 궤도를 도는 별(항성)의 이름을 따서 로스 128b로 불려요. 그 별 로스 128은 처음 발견한 프랭크 엘모어 로스의 이름을 따서 지어졌고요.

C. 가짜! 비틀스의 '새로운' 노래는 없어요. 하지만 사실이었다면 정말 좋았겠죠. 가짜 뉴스는 일어났으면 하고 바라는 것이 있을 때 더 잘 속을 수 있어요.

D. 진짜! 동물 보호소에 있는 토끼와 고양이는 안아 주면 스트레스를 덜 받아요. 2017년 캐나다 토론토에서 900명이 넘는 사람들이 동물 안아 주기 자원봉사에 신청했어요.

왜 사람들은 가짜 뉴스를 쓸까요?

사람들이 사실이 아닌 이야기를 쓰는 데는 여러 가지 이유가 있어요. 이 책에서는 나중에 얘기할게요. 어떤 사람들은 웹사이트의 방문자 수를 올리거나 소셜 미디어의 **팔로워**를 늘리려고 가짜 뉴스를 써요. 다른 사람들은 어떤 사람이나 일에 관해 거짓말을 퍼뜨리고 싶어 해요. 또 어떤 사람들은 진짜 뉴스에 의심을 일으켜서 어떤 뉴스 출처도 믿지 못하게 하려고 가짜 뉴스를 써요. 그게 큰 문제예요. 왜냐하면, 사람들은 중요한 정보를 믿을 수 있는 출처가 필요하거든요.

안타깝게도 가짜 뉴스는 진짜 뉴스보다 더 빠르게 퍼져요. 2018년 매사추세츠 공과대학(MIT) 연구에 따르면, 실제로 가짜 뉴스는 진짜 뉴스보다 트위터에서 공유될 확률이 70% 더 높아요. 분노, 충격, 혼란, 행복과 같은 강한 감정을 좋아하거나 공유할 가능성이 훨씬 더 높으니까요.

와!
모두
조심해야겠다!

햇볕이 아주 뜨거운
목요일

수요일

좋은 뉴스는 어떤 걸까요?

가짜 뉴스는 찾아낼 수 있어요! 바로 이 책에서는 동영상과 소셜 미디어 게시물이나 기사 등에서 무엇을 찾아보고 어떻게 조사하는지를 다 알려 줄 거예요. 그리고 실제로 어떻게 기사를 쓰는지 알아보기 위해 숨겨진 뒷모습도 살펴볼 거예요. 진짜 뉴스가 어떻게 만들어지는지 알면 가짜 뉴스를 구별하는 전문가가 될 수 있어요.

무엇보다도 가짜 뉴스를 빨리 구별할 수 있어요. 어느 누가 온라인에서 읽는 것을 모두 조사하는 데 시간을 들이겠어요? 가짜 뉴스를 더 빨리 알아채서 공유하지 않을수록 더 좋아요.

목요일

'가짜 뉴스'란 정확히 무엇일까요? 대부분 공유할 수 있고, 거짓이 섞인 동영상과 기사, 이미지를 뜻해요(다른 가짜 뉴스는 4장에서 다뤄요).

가짜 뉴스는 단지 누군가가 좋아하지 않는 뉴스 기사가 아니에요.

예를 들어, 샘이 역사 시험을 망쳤다고 해 봐요. 신문 기사에서 "샘이 역사 시험에서 D를 받았다. 여름 학기를 꼭 들어야 한다."라고 하면, 아마 샘은 이 기사를 좋아하지 않을 거예요. 그렇지만 샘은 가짜 뉴스라고 말할 수 없어요. 왜냐하면 사실이니까요. 읽은 이야기가 마음에 들지 않는다고 해서 그 이야기가 가짜 뉴스라는 뜻은 아니에요.

가짜 뉴스를 알아내는 실마리는 바로 **비판적 사고**예요. 비판적 사고는 뭔가에 관해 궁금해한다는 뜻이에요. 어떤 일에 **의심**을 품는 거죠. 읽은 내용을 순순히 그냥 믿지 말고 왜 그런지 질문을 던지는 거예요.

가짜 뉴스는 당장 없어지지 않아요. 하지만 여러분이 무엇을 찾아야 할지 알면 가짜 뉴스를 발견해서 퍼지지 않도록 막을 수 있어요.

금요일

제1장:

진짜일까? 아니면 가짜일까?

정보를 게재하고 사람들과 공유하는 것이 그 어느 때보다 쉬워졌어요. 사람들은 뭐든지 원하는 이야기를 써서 온라인에 올릴 수 있어요. 빠르고 싸고 아주 쉬워요. 실제로 한 시간도 안 되어 무료 웹사이트를 만들 수 있어요. 소셜 미디어는 훨씬 더 빨라요. 게다가 어쨌든 이론적으로는 원하는 것을 만들어서 사진을 달아 올리면 '뉴스'라고 부를 수도 있어요.

많은 사람이 이렇게 하고 있어요. 많은 기사와 동영상, 게시물에는 사실이 아닌 정보가 들어 있어요. 그런데 사람들은 왜 그렇게 할까요? 정말 아주 중요한 질문이에요. (보통은 돈 때문이죠.)

 오늘의 뉴스가 공유한 **링크를 클릭**해 보세요.

보송보송한 새끼 오리가 탈출했을 때 어떤 일이 벌어졌는지 도저히 믿지 못할 거예요!

가짜 뉴스와 진짜 돈

웹사이트를 만든 사람은 광고와 조회 수, '좋아요'와 공유로 돈을 벌 수 있어요. 이런 식이죠. 기업이 웹사이트에 광고를 올리려고 돈을 내면 웹사이트 소유자가 그 돈을 받아요. 얼마나 받을까요? 음, 사이트의 **트래픽**(방문자 수)에 따라 달라요. 웹사이트를 방문한 사람이 많을수록, 웹사이트 소유자는 광고마다 더 많은 돈을 요구할 수 있어요. 2016년 NPR **통신사**는 가짜 뉴스를 만드는 사람들이 1년에 50만 달러를 벌어들인다고 보도했어요. (돈이 다 떨어져서 가짜 뉴스로 돈을 벌기 전에, 꼭 기억하세요. 정말로 먹고살려고 거짓말한다는 걸요. 그럴 가치가 없어요!)

웹사이트 소유자는 엄청 재밌어 보이는 기사나 동영상을 만들어서 흥미로운 제목을 달아 소셜 미디어에 올려요. "보송보송한 새끼 오리가 탈출했을 때 어떤 일이 벌어졌는지 도저히 믿지 못할 거예요!"처럼요. 사람들은 흥미로운 제목에 이끌려서 귀여운 새끼 오리에게 무슨 일이 벌어졌는지 알아보려고 **링크**를 클릭해요. 링크를 누르면 웹사이트에 연결되어 트래픽이 늘어나죠.

그나저나 새끼 오리에게는 별다른 일이 일어나지 않았어요. 새끼 오리들은 꽥꽥거리며 뛰어다니지만, 어쨌든 제목처럼 흥미로운 일은 전혀 아니었어요. 가짜 뉴스를 만드는 사람은 대개 구독자를 별로 신경 쓰지 않아요. 클릭하기만 원할 뿐이죠. 그래서 우리가 가짜 뉴스를 클릭하거나 '좋아요'를 누르거나 공유하면 그들을 도와주는 거예요. 그 사람들의 호주머니에 돈을 채워 주는 거죠.

난 정말 멋져!

어떤 사람들은 팔로워를 얻으려고 소셜 미디어를 이용해서 실제보다 훨씬 화려하고 재밌게 사는 것처럼 보이려고 해요. 거짓말까지 할지도 몰라요. 아마도 그 사람들은 소셜 미디어에서 영향력 있는 **인플루언서**가 되길 원하는 것 같아요. 많은 인플루언서는 단지 전문가나 연예인일 뿐이지 가짜 뉴스를 올리지는 않아요. 그렇지만 일부는 그렇게 해서 돈을 벌기도 하죠.

예를 들어 여러분이 인스타그램에 수백만 명의 팔로워를 거느린 유명 요리사라고 해 봐요. 많은 사람이 여러분이 올린 것을 볼 거예요. 이제 믹서를 파는 회사에서는 믹서 한 대를 주거나 돈을 주면서 여러분이 믹서에 대해 온라인에 좋은 말을 하길 바랄 거예요.

여러분이 믹서를 싫어하더라도 돈이나 공짜로 더 많은 물건을 받으려고 긍정적인 **리뷰**를 써서 올릴지도 몰라요. 수백만 명의 팔로워는 그런 가짜 뉴스에 속아 넘어가서 여러분이 싫어하는 믹서를 살 수도 있어요.

인플루언서한테는 아무런 잘못이 없지만, 많은 이가 돈을 받고 제품을 홍보한다는 것을 잊지 말아요. 사실 몇몇 인플루언서는 제품을 써 보지도 않았거나 좋아 보이게 하려고 거짓 주장을 하기도 했다고 인정했어요. 어떤 사람들은 정말로 좋다고 생각하는 제품만 올리기도 하지만 다른 이들은 돈을 벌려고 그렇게 하기도 해요.

찰칵
찰칵
찰칵

♥ 20K 💬 102

가장 좋아하는 믹서로 스무디 4잔을 만들었어요!

💬 와! 나도 하나 사야겠다!

💬 이게 필요해!

싹싹 갈리는 자동 믹서

가짜 뉴스의 부작용

사람들이 가짜 뉴스를 올리는 더 위험한 이유가 있어요. 몇몇은 사람들이 어떤 사람이나 단체를 좋아하거나 싫어하도록 만들거나 아니면 선거에 영향을 주려고 가짜 뉴스를 만들어서 올려요. 2016년 미국 대통령 선거 전에 많은 거짓말이 온라인에 게재되었어요. 예를 들어, 프란치스코 교황이 도널드 트럼프가 대통령이 되길 원한다는 거짓말이 소셜 미디어에 96만 번 넘게 공유되었어요. 러시아가 미국 대통령 선거와 다른 선거에 가짜 뉴스를 퍼트리려고 수백만 달러를 썼다는 증거가 있어요. 왜 한 나라가 다른 나라의 대통령이 누가 되는지에 신경 쓸까요?

한 가지 이유가 있어요. 국가가 함께 사업하기 때문이에요. 즉, 국가가 서로의 제품과 서비스를 사기 때문이죠. 그러니까 여러분이 한 나라의 지도자라면, 여러분이 좋아하는 사람이 다른 나라에서 선거에 뽑히길 원해요. 그 사람이 여러분과 사업을 함께할 가능성이 더 높아서 여러분의 나라를 더 부유하게 만들어 줄 수 있거든요.

어떤 사람들은 싫어하는 단체나 조직에 대해 거짓말을 퍼뜨려서 다른 사람들이 싫어하게 만들려고 해요. 몇몇 가짜 뉴스에는 혐오와 **인종 차별**이 숨겨져 있어요.

인종 차별주의자는 인종 차별당하는 사람의 사진을 멋대로 찍거나 어쩌면 페이스북 페이지에서 사진을 가져온 다음에 그 사람들이 나쁜 일을 하는 듯한 가짜 제목을 달지도 몰라요.

아마 여러분은 인종 차별에 화가 많이 날지도 몰라요. 아니 화를 내야 해요. 다행히 우리가 도와줄 일이 있어요. 온라인에서 뭔가를 읽을 때 '좋아요'를 누르거나 공유하기 전에 잠시 멈춰서 생각해 보는 거예요.

인터넷 정화 작업은 하루아침에 일어나지 않아요. 그렇지만 우리가 모두 가짜 뉴스를 멈추려고 노력하면 인터넷이 깨끗해질 거예요.

현실을 바로 보자

진짜 뉴스 기사에는 흔히 가짜 뉴스에 없는 몇 가지 특징이 있어요. 예를 들어 진짜 뉴스 기사에는 기사를 쓴 사람, 작성자의 이름이 쓰여 있어요. 그리고 진짜 뉴스 기사의 사진이나 그림에는 보통 사진을 찍거나 그림을 그린 사람이 누구인지 **출처**가 밝혀져 있죠.

가짜 뉴스 기사에는 종종 둘 중 하나가 없어요. 가짜 뉴스를 게재하는 사람은 허락 없이 글이나 사진을 쓰고 있을지 몰라요. 또는 가짜 뉴스를 쓴 자신의 이름을 누군가 보길 원치 않을 수도 있어요. 때로는 '제인 스미스'처럼 이름을 만들어 쓰기도 해요. 하지만 제인 스미스가 진짜 기자인지 알아볼 수 있어요. 그냥 이름을 검색해서 제인 스미스가 쓴 다른 기사를 찾아보기만 해도 알 수 있죠. 기사가 합법적인 것 같나요? 뉴스 출처 조사는 기사가 진짜인지 알아내는 좋은 방법이기도 해요. 여기의 그림은 진짜 뉴스의 몇 가지 특징을 보여 주고 있어요. 2장에서는 진짜 뉴스가 어떻게 만들어지는지 자세히 배워요.

가짜 뉴스는 만들기 저렴하고 쉽지만, 진짜 뉴스는 비싼 편이에요. 진짜 뉴스는 사실을 수집하고 확인하는 보도진에게 돈을 내야 하거든요. 또한, 많은 진짜 뉴스는 약간 재미없고 지루해 보일 수도 있어요. 왜냐하면 언론사는 사실과 정보를 제공하는 곳이지 흥미를 불러일으키는 곳이 아니기 때문이죠.

진짜 뉴스

확실한 출처

작성자 이름
(기자명)

사진 출처

기사를 쓴 날짜

10:43 AM

지역 뉴스

새 농구공이 생긴 남자아이

23

질 존스, 지역 뉴스에 사진 제공

샘 리 기자
7월 12일 게재함

평범한 농구공으로 어떻게 유명해질 수 있을까요?

자극적인 제목이나 사진으로 과장해서 정보를 더욱 흥미롭게 만들면 사람들이 클릭해서 공유할 가능성이 높아요. 아래의 농구공 예시처럼 과장하거나 거짓말을 하면 평범한 이야기를 더 흥미롭게 만들 수 있어요. 그렇다면 굉장히 놀랍다며 지나치게 과장한 제목은 어떨까요? 사실이 아닐지도 몰라요. (맞아요, 때로는 진짜 언론사도 자극적인 제목을 달아요. 헤드라인만 보고는 진짜인지 가짜인지 구별하기가 어려울 수 있어요. 그래서 조사해 봐야 하죠.)

사실: 흥미로움

사실이 아님: 더 흥미로움

정말로 사실이 아님: 굉장히 흥미로움

제2장:

좋은 기사

진짜 뉴스가 어떤 것인지 알면 가짜 뉴스를 더 쉽게 찾아낼 수 있어요. 진짜 뉴스는 뉴스 기사 형태로 써요. 최대한 **편견** 없이 공정하며 과장하지 않아요. 진짜 뉴스는 이런 기본적인 사실을 제공해요. 어떤 이야기인지, 누가 관련되었는지, 언제, 어디서, 왜 일어났는지와 때로는 어떻게 일어났는지를 알려 줘요. 모든 뉴스 기사가 이 육하원칙에 따라 쓰이지는 않지만, 기자는 독자가 충분한 정보(사실)를 얻어서 어떤 일이 일어났는지 이해하도록 육하원칙을 꼭 기억해야 해요.

기자는 기사에서 가장 중요한 사실을 맨 앞에 둬요. 그래야 사람들이 가능한 한 빨리 원하는 정보를 얻거든요. 그런 이유로 신문이 분야를 따로따로 나눈 거예요. 스포츠나 패션에 대해 읽고 싶지 않나요? 원하는 분야로 곧바로 휙 넘어갈 수 있어요.

빙빙 돌리지 말아요

'가장 중요한' 사실이 무엇일까요? 때에 따라 달라요. 여러분이 동생에게 학교에서 있었던 일을 말한다고 해 봐요. "야, 존! 우린 역사 시간에 영화를 봤어. 난 과학 숙제로 A를 받았어. 큰길을 걸어 다니는 코끼리를 봤어. 축구에서 세 골을 넣었어."

동생은 뭐라고 할까요? "잠깐만! 코끼리를 봤다고?"

저널리즘 식으로 표현하자면, 여러분은 "중요한 이야기를 맨 처음에 말하지 않고 중요하지 않다는 듯이 중간에 말했어요." **리드**(주요 소식)는 가장 중요한 정보라서 보통 가장 먼저 나와요. 이번에 주요 소식은 (큰길에서 코끼리를 보는 것이 흔치 않은 곳에 산다면) 코끼리 이야기일 거예요. 그런데 동생에게 말할 때 그 사실이 중간에 나와요.

가장 중요한 사실은 맨 처음에 둬야 해요. 왜냐하면 모든 사람이 글을 다 읽거나 듣지 못하니까요. 가장 중요한 정보를 바로 제공하면, 그다음을 읽거나 듣지 못하더라도 필요한 정보를 얻게 되죠.

코끼리 이야기가 주요 소식이라는 것을 알았다면, 말하는 상대에 따라 두 번째로 중요한 사실을 골라요. 기자는 독자를 고려해서 가장 중요하다고 생각하는 사실을 제공해요. 예를 들어 여러분이 엄마 아빠에게 말한다면 여전히 코끼리 이야기를 먼저 말한 다음에 곧바로 A를 받은 이야기를 할지도 몰라요.

localnews.com
2:16 PM

큰길에 나온 코끼리

존 덩컨 기자
5월 17일 월요일

오늘 오후 4시 넘어서 코끼리 한 마리가 큰길을 걸어 다녔다.

"진짜 흥미로웠어요."라고 A 학점 학생이자 축구 선수인 캐슬린 덩컨이 학교에서 집으로 돌아가는 길에 봤다고 말했다.

사진 제공: 캐슬린 덩컨

말하거나 읽거나 발로 뛰기

다음은 기자가 기사를 위해 사실을 수집하는 세 가지 취재 방법이에요.

1. 잘 아는 전문가 인터뷰하기
2. 책, 웹사이트, 연구나 여론 조사 등을 통해 관련 정보 읽기
3. 직접 현장에 가서 일이나 사건 관찰하기

캐나다 신문 <해밀턴 스펙테이터>의 존 웰스 기자는 이 세 가지 방법을 "말하거나 읽거나 발로 뛰기"라고 불러요. 기차 사고가 일어났다고 가정하고 어떻게 취재하는지 살펴볼까요?

"기본적으로 저널리즘이란 정치, 과학, 비즈니스에 관한 중요한 정보를 폭넓은 대중에게 공유하는 것입니다. 그런 이유로 기자는 자세한 내용에 관심을 둬야 합니다. 일부만 알려 주는 것은 이야기를 공정하게 다루지 않는다는 뜻이죠."

– 프리랜서 기자 존 로린크

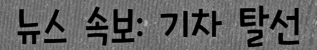

뉴스 속보: 기차 탈선

기차가 역 구내에서 선로를 벗어났어.

내가 그레타와 함께 가 볼게.

다행히 아무도 다치지 않았지만, 기름이 유출되었습니다···

다 치우는 데 얼마나 걸릴까요? 누가 그 비용을 내죠?

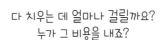

기름 유출

기름이 새어 나오는 중

우린 시장의 의견이 필요해.

---

downtown-news7.com < >

기름 유출 정리 중

레니 고트립 기자, 8월 23일

오늘 아침 기차 탈선과 작은 화재로 수십 명이 집을 떠나야 했다. 기차 중 하나에서 약 250배럴의 석유가 새어 나왔지만, 시의 소방대장은 주민들에게 더는 위험하지 않다고 말했다.

"대원들이 차를 치운 다음에 기름 정리를 시작할 겁니다."라고 엘라 플로이드 시장이 말했다. "일주일쯤 걸릴 겁니다."

사진 제공: 그레타 뮬러

정확성이 가장 중요해

기자들은 똑같은 임무를 갖고 있어요. 사실을 수집해서 사람들에게 알려야 한다는 거죠. 가끔 편집자는 기자에게 어떤 기사를 쓸 건지 아이디어를 주거나 과제를 주기도 해요. 기자는 사실을 얻으려고 조사하고 인터뷰하죠. 기자는 기사를 위한 사실을 찾아다니면서 한두 명이나 여러 사람을 인터뷰할 수 있어요. 모든 기자에게는 단연코 정확성이 가장 중요해요. 뉴스를 가장 먼저 보도하는 것보다 정확성이 훨씬 더 중요하죠.

"모든 플랫폼에 실린 〈글로브 앤드 메일〉 (캐나다의 대표적 신문)의 내용은 그 신뢰성이 탄탄한 조사와 분명하고 논리적인 글쓰기, 그리고 정직하고 정확하며 객관적이고 균형 있는 신문이라는 평판을 유지하는데 달려 있습니다."
- 〈글로브 앤드 메일〉의 편집 행동 규칙

방송 중

기자가 기사를 쓴 다음에는 편집자가 기사의 정확성과 전체 이야기를 기자가 이해했는지를 확인해요. 나중에 교열 담당자가 철자와 오자를 검토하고요. 어떤 언론사에서는 **팩트 체커**(사실 확인 전문가)가 내용이 정확한지 확인하기도 하죠. 사진 기자가 사진을 찍으러 갈 수도 있어요. 제목이 정해진 기사는 웹사이트와 소셜 미디어에 올라가죠. 이후에 신문이나 잡지에 실릴 수도 있어요.

라디오와 텔레비전 방송국, 온라인 미디어에서 일하는 기자도 인터뷰해요. 방송 기자들은 대화를 녹음한 다음에 편집해요. 정확성을 위해서 그 내용을 확인하고 한 번 더 확인하죠. 어떤 방송국 기자는 기사를 쓰고, 어떤 기자는 카메라를 들고 뉴스를 보도하거나 영상을 제작해요. 어떤 기자는 둘 다 하기도 하죠. 기자 대부분은 소셜 미디어에도 정보를 올려요.

확인해 봐!

기자는 온라인에서 무언가를 읽거나 전문가의 말을 인용할 때 그 사실이 정확하다는 다른 확실한 출처를 찾아서 두 번, 세 번 정보를 확인해요. 예를 들어 누군가 기자에게 "달은 블루치즈로 만들어졌어요."라고 말한다면, 기자는 온라인에서 몇 가지를 조사하고 미국 항공 우주국(NASA) 전문가에게 연락할지도 몰라요. 기자는 특히 전문가한테서 반대되는 정보를 알아내면 그 '사실'을 매우 의심할 거예요.

항상 바라보는 시각이 있어요

뉴스 기사를 쓰는 방법에는 여러 가지가 있어요. 모든 기자와 편집자는 가장 중요한 사실이 무엇인지 정해야 해요. 예를 들어 앞에 나온 코끼리 기사에서는 영화 이야기가 완전히 빠져 있어요. 아마도 매우 중요하지 않았거나, 아니면 반대로 아예 다른 기사일 수도 있어요.

기자는 기사를 위한 사실을 수집하고서 독자에게 가장 중요한 사실이 어떤 것인지를 결정한 뒤에 어떤 시각으로 이야기를 쓸지 정해요. 기자들은 수집한 모든 사실을 쓸 수가 없으므로 뭘 빼야 할지도 정해야 하죠.

독자가 '전체 이야기'를 확실히 이해하는 가장 좋은 방법은 다른 관점과 대상을 가진 여러 다양한 출처의 뉴스를 읽는 거예요. 예를 들어 항상 소셜 미디어에서 뉴스를 얻는다면 한국방송(KBS)이나 문화방송(MBC) 같은 주요 언론사의 뉴스를 읽어 봐요. 스포츠와 관련한 뉴스가 아니면 거의 보지 않는다면, #정치나 #음악을 검색해 봐요. 우리가 만든 것보다 다른 사회와 국가의 사람들이 만든 동영상과 게시물, 기사도 꼭 읽어 봐야 해요. 머지않아 여러분의 **뉴스 피드**가 더욱 다양하고 훨씬 더 흥미로워질 거예요. 그리고 더 많은 정보를 얻을 거예요.

주요 국제 대회가 열리면 다양한 매체에서 어떻게 다루는지 봐요. 각각의 매체는 어떤 독자가 있느냐에 따라 자신만의 시각이 있을 거예요.

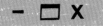

기자는 호기심이 많아요!

기자는 인터뷰에서 사실을 알아보려고 질문을 던져요. 다음은 시도해 볼 만한 몇 가지 인터뷰 질문이에요.

- 진짜로 괴로운 것에 관해 친구를 인터뷰하기
- 살면서 지금까지 일어난 일 중 가장 이상한 일에 관해 노인을 인터뷰하기
- 젊은 시절의 자신에게 어떤 충고를 할지에 관해 선생님을 인터뷰하기

기자는 "취미가 있나요?"처럼 '예, 아니요'로 답하는 질문을 피하려고 해요. 대신에 "시간이 나면 뭘 하나요?" 또는 "가장 좋아하는 취미에 관해 얘기해 주세요."와 같이 자유롭게 대답할 수 있는 질문을 해요. 기자는 사람들의 대답을 주의 깊게 듣고서 "스케이트보드 묘기가 재미있을 것 같네요. 어디서 하나요?" 또는 "지금까지 성공한 묘기 중 가장 멋진 묘기는 뭔가요?"처럼 이어서 질문을 던져요.

제3장:

이런! 실수했네

누구도 완벽하지 않듯이, 때로는 기자도 실수해요. 그러면 웹사이트나 간행물에 **정정** 기사를 실어요. 작은 기사나 문장으로 실수를 설명하고 정확한 정보를 제공하죠. 실수를 바로잡는 것은 좋은 일이지만, 많은 사람은 대개 실수가 있던 원래 기사만큼 정정 기사를 잘 보지 않아요.

그런 이유로 기자는 처음부터 실수하지 않으려고 엄청나게 노력해요. 참고로 '실수'는 모든 매체가 종종 잘못을 저지르는 **편파**적이거나 비윤리적인 보도와는 달라요. 이 부분에 대해서는 다음 장에서 배워요.

잡았다!

매년 포인터 미디어 연구소는 다양한 뉴스 출처에서 뽑은 가장 별난 정정 기사 몇 개를 실어요. 예를 들어 9살의 알렉스 플로레스가 2019년에 19킬로그램의 커다란 푸른 메기를 잡았을 때 미국의 연합통신(AP)은 대단한 고기를 잡았다는 기사를 실었어요. 플로레스는 물고기를 '고래 경'이라 부른다고 말했어요. 또는 연합통신 기자가 그렇게 생각했겠죠. 다음은 정정 기사입니다.

"이 이야기는 고래 경이 아니라, 남자아이가 포켓몬 캐릭터 이름을 따서 물고기에게 고래왕이란 이름을 지어 준 것으로 이전 기사를 고칩니다." 이런!

"우리가 정정, 해명 또는 편집자의 말을 싣는 목적은 독자에게 가능한 한 빠르고 분명하게 잘못된 부분과 고친 부분을 알리는 겁니다. 누구든지 실수가 어떤 이유로 어떻게 고쳐졌는지 이해할 수 있어야 합니다."
- 〈워싱턴 포스트〉의 정정 방침

실수를 인정하고, 고친 뒤, 다시는 실수하지 마세요

대부분의 언론사는 실수가 일어나면 다음과 같이 합니다.

· 진짜 사실을 찾아봅니다.
· 실수가 있었던 곳에 가능한 한 빨리 정정한 내용을 실어요. 트위터였다면, 트위터에서 정정하죠.
· 다시는 실수하지 않도록 합니다. 편집자는 기자와 얘기해서 왜 실수가 일어났는지 알아보고 다시 실수하지 않도록 새로운 지침을 만들 수도 있어요.

2018년에 <뉴욕 타임스>는 4100개의 정정 기사를 실었어요. <토론토 스타>(캐나다에서 발행 부수가 가장 많은 신문)는 2019년에 1500개가 넘는 정정 기사를 게재했어요. 정정 기사가 많은 것처럼 보이지만, 이들 신문사는 정말 엄청나게 많은 기사를 실어요. 2018년에 <뉴욕 타임스>는 5만 5천 개가 넘는 기사를 실었고, <토론토 스타>는 3만 개가 넘는 기사를 실었어요.

안 돼! 그 이름이 아니야!

이런!

소셜 미디어에서 한 실수는 소셜 미디어에 남아요

소셜 미디어에서 실수하면 절대로 없어지지 않아요. 온라인 게시물은 빠르게 '좋아요'를 얻고 공유되거든요. 처음에 쓴 게시물이 삭제되더라도 아마 누군가 복사했을 거예요. 평판이 좋은 언론사는 실수를 정정하고 어떤 내용을 왜 고쳤는지 사람들에게 알려요. 기사, 사진, 삽화, 동영상, 생방송, 오디오 클립과 소셜 미디어 게시물도 정정해요. 실수는 아무리 작더라도 모두 원래 기사가 실린 곳에서 정정해야 해요.

기사를 어떻게 보나요?

가짜 뉴스에는 거짓말이 가득해요. 그런데 어떤 때 '거짓'이고 어떤 때 '사실'이죠? 흔히 바라보는 **관점**, 즉 사물을 어떻게 보는지와 여러분에게 뭐가 중요한지에 따라 달라져요. 예를 들어 여러분이 속한 하키팀이 크게 이겨서 다른 팀이 결승전에 탈락했다고 해 봐요. 엄마가 "시합이 어땠니?"라고 물으면, 여러분은 아마 "굉장했어요!"라고 대답할 거예요. 여러분에게는 시합이 굉장히 좋았어요. 그런데 상대 팀 아이들은 어떨까요? 그 아이들은 시합이 굉장히 좋았다고 생각하지 않을 거예요. 그 아이들에게는 시합이 진짜 별로였어요.

이런 대화에서는 누구도 여러분이 상대 팀을 대신해서 대답할 거라고 기대하지 않아요. 하지만 기자는 아는 사람이나 가장 비슷한 사람이 아니라 뉴스 사건에 관련된 모든 사람에 대해 생각해야 해요. 기자는 다양한 관점에서 뉴스를 보도록 노력해야 하죠.

중요한 점을 놓치는 경우

모든 뉴스 기사가 모든 사람의 관점을 다 포함할 수는 없지만, 어떤 관점은 자주 빠지는 것 같아요. 유색 인종, 성소수자 공동체, 여자와 남자가 아닌 사람들, 장애인, 원주민 등의 관점은 뉴스 보도에서 빠질 수 있어요. 독자로서 우리는 기사에서 중요한 관점을 말하지 않는 경우를 알아차려야만 해요. 어쩌면 기사의 모든 출처가 하나의 특정한 문화적 배경을 지닌 사람들에게서 나오기 때문일 수 있어요. 그래서 우리는 반드시 다양한 관점이 포함된 출처에서 뉴스를 얻어야 해요.

왜 관점이 빠질까요?

기자들은 모두 일반적으로 자라온 과정과 경험에 따라 자신만의 관점을 가지고 있어요. 기자가 인터뷰한 사람들이 친구와 아는 사람이라면 비슷한 관점을 가질지도 몰라요. 언론사가 똑같은 배경을 가진 사람만 채용하면, 다른 배경을 가진 사람의 관점이 기사에서 쉽게 제외될 수 있죠.

얼마 전까지만 해도 북미 신문사는 대부분 백인 남자를 기자로 채용했어요. 소외 계층 사람들은 자기 잘못이 아닌데도 채용되기가 어려웠어요. 이런 것은 '차별'이라고 해요. 많은 언론사는 이제 다양한 배경에서 기자와 편집자를 차츰 채용하고 있지만, 대부분의 뉴스 편집실은 여전히 독자만큼 다양하지 않아요.

한쪽으로 치우친 관점이 뉴스에 나타나면 기사에 나온 사람들이 부정적인 영향을 받아요. 그뿐만 아니라, 몇몇 사람의 이야기도 전달되지 않아요. 독자는 정말 흥미롭고 중요한 정보를 놓칠 수 있어요. 어떤 사람의 목소리가 전혀 들리지 않거나 다른 사람 목소리보다 점점 더 작게 들리게 되죠.

진실은 좋지도 나쁘지도 않아요

때로는 기자가 가진 개인적 의견이 뉴스 기사를 쓰는 방식에 영향을 끼치기도 해요. 이를 '편파 보도'라고 불러요. 편파는 개인적인 의견에 따라 어떤 것에 관해 찬성하거나 반대하는 편견이에요. 한쪽으로 치우쳐서 생각하는 거죠.

모든 사람은 의견을 가지고 있어요. 기자도 마찬가지죠. 하지만 뉴스 기사에서 기자는 최대한 편견 없이 사실만을 전달해야 해요. 자신의 의견을 싣지 않고요. 예를 들어 "뉴욕 양키스가 월드 시리즈에서 우승을 차지했다."는 편파적이지 않은 글이에요. 같은 문장을 보스턴 레드삭스의 열렬한 팬이 쓰면 "뉴욕 양키스가 운이 좋아서 월드 시리즈에 이겼는데 아마도 속임수를 썼을 것이다."라고 할 수 있어요. 이 예에서의 기자는 양키스를 확실히 싫어해서 여러분도 양키스를 싫어하기를 바라고 있어요. 독자는 편파 보도에 주의하고 다양한 출처에서 뉴스를 읽어서 전체 이야기를 이해하려는 것이 중요해요.

보기 드문 하얀 아나콘다가 여자 화장실에서 무사히 발견되다

뱀을 좋게 생각하는 편견

커다란 송곳니를 가진 무시무시한 뱀이 여자를 위협하다

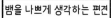

뱀을 나쁘게 생각하는 편견

실제 사건

쉭쉭, 사실 그대로 말해.

편파적인 뉴스는 전혀 새롭지 않아요

오늘날 많은 언론사는 정치적 편견이 있거나 다른 정당보다 특정 정당을 좋아하는 편이에요. 예를 들어 진보당 또는 보수당, 민주당 또는 공화당, 좌파 또는 우파 중에서 한쪽 정당을 지지해요. 이런 편견은 역사적으로 깊이 뿌리 박혀 있어요. 1800년대 북미 신문들은 특정 정당이나 정치인 편을 들었어요. 그 신문들은 그 정당이나 사람의 관점으로만 뉴스를 실었어요. 완전히 편파적이었어요! 다양한 관점을 얻으려면 상대편 신문도 읽어야 했죠.

여러분은 어떤 독자인가요?

모든 언론사에는 주요 독자층이 있어요. 언론사는 특정한 것에 관해 읽고 싶어 하는 특정한 형태의 독자를 위해 글을 써요. 예를 들어 미국 잡지 <스포츠 일러스트레이티드>의 독자는 스포츠를 좋아해요. <스포츠 일러스트레이티드>가 갑자기 십 대 패션의 최신 유행에 관해 보도하기 시작했다면 독자들은 당연히 어리둥절할 거예요. 일부러 관점을 빼는 경우가 있는데 그러는 편이 적절합니다.

제4장:

아주 가짜도 아니고, 진짜도 아닌

지금까지 우리는 사실을 다루는 뉴스를 주로 살펴봤어요. 뉴스는 편견이 없어야 하고, 정확성을 다시 확인해야 해요. 하지만 뉴스는 온라인에 있는 정보 중 하나일 뿐이에요. 뉴스와 가짜 뉴스 사이에는 '뉴스가 아닌 뉴스'가 아주 많이 있어요.

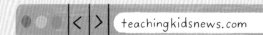

아동 교육 뉴스

의견

어린이는 인터넷을 정화하는 능력이 가장 뛰어나

조이스 그랜트 기자
9월 15일

의견

때로는 글쓴이의 관점에 동의하도록 독자를 설득하려고 특별히 기사를 쓰기도 해요. 이런 기사는 **기고문**, 칼럼 또는 사설이라고 해요. 사설에는 글쓴이의 의견이 포함되며 일부로 분명하게 의도를 숨기지 않고 밝히는 편견이 들어 있어요. 기고문에는 흔히 글쓴이의 이름과 사진이 함께 실리거나 웹사이트 주소가 포함되어 있어서 누가 썼는지 알 수 있어요.

풍자

어떤 '뉴스'는 웃기려고 써요. 이런 뉴스를 **풍자**라고 해요. 패러디 또는 풍자시라고도 불러요. 풍자는 뉴스를 재미있게 만들려고 뉴스를 과장하거나 비꼬아요. 이따금 풍자는 유머를 사용해서 잘못되었다고 생각하거나 바뀌어야 한다는 것을 딱 꼬집어서 알려 줘요. 예를 들면 다음과 같아요.

1년에 두 번 식품점에 장바구니를 꼭 가져가는 남자는 기후 변화가 "해결되었다."라고 잘라 말한다.

윗글은 진짜 뉴스 제목처럼 보여요. 단지 장바구니를 몇 번 썼다고 해서 기후 변화처럼 전 세계적 문제가 해결될 거라고 진짜로 생각하는 사람은 아무도 없으므로 웃음이 피식 나오죠. 이 헤드라인은 유머로 중요한 점을 말해요. 우리가 사소한 것을 실천하면 개인적으로 기분이 좋지만, 실제로 기후 변화에 제대로 맞서려면 훨씬 더 큰 노력이 필요하다고 말이죠.

TV 풍자 프로그램 <더 데일리 쇼>의 진행자인 트레버 노아에 따르면, 풍자는 흔히 일부 사람들이 생각하고 싶어 하지 않는 어려운 주제에 참여하게 하는 좋은 방법이에요. 2019년에 트레버는 영국 신문 <더 가디언>에서 "여러분은 그 사람들의 머릿속에 들어가려고 코미디를 써먹는 거죠."라고 말했어요.

그 말이 사실이더라도 결국 풍자는 저널리즘이 아니라 코미디예요. 안타깝게도 사람들은 가끔 농담인 줄 모르고 풍자에 홀랑 속아 넘어가 버려요. 왜냐하면 풍자가 진짜 뉴스처럼 보일 수 있거든요. 미국의 <디 어니언>, 캐나다의 <더 비버턴> 또는 <더 데일리 쇼>에 나오는 전문적인 풍자는 코미디라고 떳떳이 밝히고 있어요. 보통 이런 풍자는 웹사이트의 **정보 페이지**에서 코미디라고 자체적으로 알려 주고 있죠. 풍자는 꽤 재미있더라도 실제 뉴스의 주요 출처가 되어서는 안 돼요.

광고(Ad)

기업은 물건이나 서비스를 팔려고 출판물이나 웹사이트 또는 동영상에서 광고를 올릴 공간을 사서, 물건이나 서비스가 얼마나 좋으며 왜 사람들이 사야 하는지에 대해 말해요. 광고는 공평할 필요가 없어요. 사실 광고는 물건을 좋아하는 쪽으로 매우 치우쳐 있어요. 광고는 뉴스가 아니에요. 따라서 광고가 여러분에게 양쪽 이야기를 다 전하지 않는다는 점을 꼭 알아 둬야 해요. 광고주는 일정한 규칙을 따라야 하죠. 예를 들어 물건이 할 수 없는 것을 할 수 있다고 말할 수 없어요. 하지만 물건에 단점이 있다든가 아주 비싼 물건이라는 등 나쁜 점을 다 말할 필요는 없죠.

기사광고(홍보 기사)

위의 글은 사설처럼 보이는 광고예요. 속지 마세요. 여전히 물건을 파는 회사가 돈을 내고 만든 광고니까요. 이따금 광고주는 출판물이나 웹사이트의 남는 공간에 뉴스 기사처럼 보이는 광고를 만들려고 해요. 광고주는 자신들의 광고가 실제로 다른 기사로 보이길 바라죠. 하지만 **기사광고**에는 뻔히 보이는 표시가 있어요. 기사광고에는 흔히 회사를 나타내는 작은 이미지, 즉 로고가 포함되어 있어요. 또한 (종종 아주 작은 글씨로) 물건을 홍보하거나 후원하는 광고라는 말이 들어 있어요. 일단 어떤 글이 뉴스 기사가 아니라 광고라는 것을 알고 나면, 뭘 광고하든지 간에 그쪽으로 매우 치우친 정보라는 것도 알게 되죠. 그러니까 기사가 광고인지 아닌지 생각해 볼 시간을 갖는 것이 좋아요.

하마가··· 집에 있다고요?!

크기가 생쥐만 한 것 말고는 평범한 하마처럼 생겼어요. 정말 귀엽지 않나요? 가정용 하마는 사람이 사는 집의 부엌에 살면서 음식 부스러기와 건포도와 빵조각을 먹어요. 잠깐··· 뭐라고요?

1999년에 실제 자연 다큐 프로그램처럼 보이는 동영상에서 바닥을 종종걸음치는 이 작고 이상한 동물을 보여 줬어요. 집에서 키우는 가정용 하마가 정말로 있을까요? 아니, 없어요. 보통 크기의 하마에 특수 효과를 써서 작아 보이게 만들었어요. 이 동물에 대한 모든 '사실'은 완전히 다 꾸민 거였어요. 비영리 단체는 어린이들이 보고 듣는 것에 관해 더 신중히 생각하라는 뜻을 전하려고 이 동영상을 제작했어요. 2019년에 **디지털 리터러시** 단체인 미디어 스마트가 그 영상을 업데이트해서 만들었죠. 영상에서 작은 하마는 가족이 쓰는 스마트폰과 태블릿을 갖고 놀았어요. 귀엽지만 진짜는 아니에요.

낚시성 링크

"멜빈에게 무슨 일이 벌어졌는지 믿지 못할 거예요!" 클릭하고 싶어지는 제목이지 않나요, 그렇죠? 이게 바로 '낚시성 링크'예요. 이 제목은 낚시에 달린 미끼처럼 여러분이 바늘을 물도록 꾀어요.

그런데 기사나 동영상이 생각보다 흥미롭지 않을 수도 있어요. 그러면 많은 광고를 쭉 봐야만 기사나 동영상을 볼 수 있다는 것을 눈치채게 되죠. 이것이 바로 대부분의 낚시성 링크가 원하는 바예요. 많은 사람이 최대한 많은 광고를 보게 만드는 거죠. 다른 사람이 실제로 읽고 싶어 할 만한 것이 아니라면 낚시성 링크를 공유하지 마세요.

어떤 슈퍼히어로가 여러분인가요?

선전

선전은 보통 정치나 세계적인 사건에 관한 가짜 뉴스의 하나로 오해하기가 아주 쉬워요. 선전에는 거짓말로 무언가에 흥분하게 하거나 화나게 만들려는 의도가 숨어 있어요. 예를 들어, 코로나19가 유행하는 동안에 사람들에게 공공장소에서 마스크를 쓰지 말라고 하는 선전이 많았어요. 마스크를 쓰면 가장 효과적으로 전염병이 퍼지지 않도록 막는다는 사실이 분명했는데도 말이죠. "마스크를 쓰면 산소 수치가 낮아져요.", "마스크는 코로나19 입자를 막지 못해요." 또는 "정부가 통제하려고 마스크를 쓰게 했어요."처럼 틀린 주장을 하는 가짜 뉴스가 많았어요.

딥페이크

딥페이크는 누군가 하지 않았는데도 말하거나 한 것처럼 보이게 만드는 동영상이에요. 딥페이크는 **인공지능(AI)**으로 두 영상을 잘 섞어서 만들어요. 흔히 사람이 나온 영상과 목소리가 나오는 영상을 합치죠. 특히 기술이 발달함에 따라 딥페이크와 진짜 영상을 구별하기가 매우 어려워지고 있어요. 다른 사람의 입과 겹쳐서 입 주위나 턱선이 흐릿하거나 말하는 단어와 입 모양이 맞지 않는지를 살펴봐요. 동영상에 나온 키워드를 검색해서 믿을 만한 언론사가 어떻게 말했는지로 알아볼 수도 있어요. 하지만 가장 효과적인 방법은 영상에 나온 사람이 말하는 내용을 의심하면서 비판적으로 생각하는 거예요. 그 사람이 정말로 저런 말을 했을까요?

군주제를 폐지하라!

콘브렌 테란스
@conbrenterrancium
남성, 자연을 좋아함, 삶을 위해 산다!
2014년 10월 가입

봇을 팔로우하고 있나요?

수백만 개의 **봇**(자동 계정)이 소셜 미디어에 게시물을 올리고 있어요. 게시물을 올리는 '사람'이 실제로 봇이 아니라고 어떻게 확신할 수 있을까요?

- 프로필(인물에 대한 소개)을 확인해 봐요. 봇은 보통 확인할 수 있는 도시나 다른 개인 정보를 올리지 않아요.
- 봇은 언어에 어려움을 겪어요. 봇은 자기 말을 반복하고 너무 뻔한 농담이나 비꼬는 풍자를 놓칠 수 있어요.
- 취미나 친구에 대한 게시물이 없다고요? 봇은 사생활이 없어요.
- 프로필 사진의 정반대 이미지를 검색해 봐요. 만일 하나도 없다면? 또 다른 증거가 나온 거예요.
- 팔로워가 하나뿐이거나 대부분 다른 봇이 팔로우하고 있다면, 봇이라는 표시일 수 있어요.
- 한 주제에 집착하거나 몇 분마다 게시물을 올리면 계정이 자동이라는 뜻일 수 있어요.
- 확실한 아이디를 받았는지 알아보려면 봇을 검사하는 웹사이트에서 사용자 이름으로 확인해 볼 수 있어요.

알다시피 사람들은 위에서 말한 몇 가지를 포함해서 온라인에서 엉뚱한 일을 하죠. 하지만 게시한 내용을 조금만 의심하면 봇이 만든 콘텐츠를 피하는 데 아주 좋아요.

카멜레온 같은 뉴스

똑같은 사실이 뉴스 기사, 낚시성 링크, 기고문, 광고, 인플루언서의 소셜 미디어 게시물에서 어떻게 제공되는지 살펴봐요.

사실을 말하자면:

- 라니 쿠마르는 블로빌에 있는 밸리 공립학교 6학년이에요.
- 라니는 스키 타는 것을 즐겨요.
- 학생 15명이 과학 경시대회에 과제를 제출해서 8명이 A+를 받았어요.
- 라니는 과학 경시대회에서 5위를 차지했어요.
- 라니는 네 번째 스키 왁스인 '아주 끈적끈적한 왁스'를 써 보고 싶었지만, 돈이 없어 사지 못했어요.

뉴스 기사

yourlocalnews.com   — □ ✕

라니, 과학 과제에서 A+를 받다

채드윅 존스 기자   3월 14일

"3개 이상은 살 수 없었어요."라고 인디애나주 블로빌의 밸리 공립학교 6학년 라니 쿠마르가 말했다. 쿠마르는 "스키 왁스가 효과가 있나요?"라고 묻는 과학 과제로 올해 최고 성적인 A+를 받았다. 쿠마르는 세 가지 왁스인 '별난 왁스', '반들거리는 질척이'와 '미끄러운 스키 왁스'를 비교했다. "셋 중에서 별난 왁스가 1등이었어요."라고 쿠마르가 말했다. "하지만 값비싼 별난 왁스는 천으로 스키를 닦는 것보다 못했어요. 제 데이터에 의하면, 천이 최고였어요."

사진 제공: 라일리 치우

낚시성 링크

과학자가 보드 2개에 끈적거리는 것을 펴 바른 뒤에 무슨 일이 일어났는지를 믿지 못할 겁니다!

여기를 클릭하세요.

스키 왁스보다 뛰어난 팔꿈치 크림

\<스키 월드 매거진\> 칼럼니스트 릭 아넬

오늘날 사람들은 비싼 물건에 너무 많은 돈을 쓰고 있다. 스키 왁스를 예로 들어 보자. 아들이 다니는 학교의 한 아이는 다양한 왁스를 비교하는 과학 과제로 최고 성적을 받았다. 뭐가 가장 효과가 좋았을까? 그냥 평범한 천으로 스키를 닦는 게 가장 좋았다. 옛날 방식으로 열심히 노력하는 좋은 일에는 환경을 해치는 포장이 들어 있지 않았다.

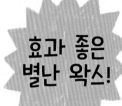

인플루언서

아주 끈적끈적한 왁스

 저드_다운힐   ···

 저드_다운힐

저는 올림픽에서 금메달을 딴 멋진 스키 선수, 저드 다운힐입니다. 저처럼 놀라운 스키 선수가 되고 싶으면 '아주 끈적끈적한 왁스'를 써야 합니다! 과학자 라니 쿠마르가 실험한 과학 연구에서 이 왁스가 세계에서 가장 좋은 스키 왁스라고 증명되었어요! 토스트에 발라도 맛있어요! 하나 사세요!

제5장:

조사해 보기

그럼 어떤 기사가 가짜인지 어떻게 알 수 있을까요? 먼저 의심해 봐요. 그다음에 더 의심해요. 있는 그대로 받아들이지 말고, 질문해 봐요!

2016년에 스탠퍼드 대학교의 연구원들은 어린이들이 가짜 뉴스와 진짜 뉴스의 차이를 얼마나 잘 구별할 수 있는지 알아보는 연구를 했어요. 곧바로 결론부터 말하자면 '좋지 않았어요.'

결과는 별로 놀랍지 않았어요. 왜냐하면 어른도 가짜 뉴스에 속아 넘어갈 수 있거든요. 그런데 어른들은 한 가지가 달랐어요. 어른은 어린이보다 의심을 잘하는 편이었어요(아마도 어른이 아이들보다 더 오래 살아서 더 많은 것을 봐왔기 때문일 거예요. 어쩌면 예전에 속아 본 적이 있어 무엇을 조심할지를 좀 더 많이 알고 있겠죠). 샘 와인버그는 회의적인 태도가 온라인 정보가 믿을 만한지 판단하는 데 가장 쓸모 있는 방법이라고 했어요. 와인버그는 스탠퍼드 대학교 연구에 참여한 가짜 뉴스 전문가예요.

연구에 의하면, 어린이들은 온라인에서 무언가 읽을 때 그것이 아마도 사실일 거로 생각하는 편이었어요. 항상 믿을 수 있는 출처에서 정보를 얻는다면 그래도 괜찮아요. 하지만 인터넷을 훑어보면서 닥치는 대로 아무 기사와 게시물을 읽는다면 좀 더 의심해 봐야 해요.

어떤 제목이 가짜인지 절대 믿지 못할 거예요

특히 기사가 감정을 자극하면 꼭 의심해 봐야 해요.
예를 들어 다음과 같은 이야기라면 확실히 두 번 생각해
봐야 해요.

몹시 분한 이야기:
**정부, 이제부터 남자아이는
고양이를 키우지 못해**

너무 신나는 이야기:
**선생님이 더는 숙제가 없다고
동의해**

너무 좋아서 믿기지 않는 이야기:
**초콜릿이 채소보다
여러분에게 더 좋아**

어리둥절한 이야기:
**정부가 연필을 금지함.
"지금부터는 오직 펜만."이라고
시장이 말해**

충격적이나 무서운 이야기:
**남극이 점점 가라앉아
- 4월이면 사라져**

역겨운 이야기:
**여름에 꼭 먹어 봐야
할 끈적끈적한 달팽이
아이스크림!**

아주 똑똑해지는 이야기:
**새로운 연구에 의하면
아이는 모든 면에서
어른보다 더 뛰어나**

말도 안 되는 이야기:
**센트럴 파크에서
발견된 유니콘**

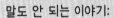

몹시 화가 나는 이야기:
**못된 남자가 아기한테서
사탕을 빼앗아**

걱정되거나 어리둥절하거나 무서운 제목이라고
해서 반드시 가짜 뉴스는 아니에요. 하지만 '맞지' 않은
듯한 느낌이 들면, 확실히 의심하면서 진짜인지 아닌지
알아보려고 조사해 봐야 해요.

사실을 조금만 넣어도 거짓말에 속아 넘어갈 수 있어요

가짜 뉴스를 만드는 사람들은 사실을 조금만 섞어도 거짓말이 더 믿을 만해진다는 것을 알고 있어요. 약간의 진실만으로도 신뢰를 얻으므로 거짓이 포함된 모든 이야기를 믿을 가능성이 커지죠. 예를 들어 "잭 페이가 노숙자 쉼터를 도우려고 사인회를 취소하다."란 제목을 확인해 봐요. 잭 페이라는 유명한 게이머가 최근에 공식 석상을 취소한 것은 사실이라고 해 봐요. 여러분은 이 말이 사실이라는 것을 알기 때문에 지역 사회를 도우려는 이유도 믿을지도 몰라요. '진짜 훌륭한 사람이야!'라고 생각하겠죠. 사람들은 가짜 뉴스 덕분에 잭이 팬을 저버린 진짜 이유를 모를 거예요. 잭이 스카이다이빙을 하러 가려고 사인회를 취소했다는 사실을 모르는 거죠.

동영상이나 기사 또는 제목에 들어 있는 어떤 내용이 사실이라면, 다른 사실을 그냥 무시하고 나머지 이야기를 믿어 버려요. 약간의 진실이 거짓말을 잘 믿게 만드는 거죠.

스카이다이빙 여행

정말 좋아하는 팬이에요!

잭!

매우 똑똑하다는 느낌이 드는 기사는 가짜일 수 있어요

온라인에 있는 어떤 내용은 정말 똑똑하다는 느낌이 들게 만들어요. "100명 중에서 단 1명만 이 퀴즈의 정답을 알아요."와 같은 제목을 살펴볼게요. 여러분이 문제를 다 맞혔어요! 여러분은 100명 중 단 한 명이 틀림없어요. 그런데 어떻게 된 일일까요? 사실은 퀴즈를 정말 쉽게 만든 거였죠. 100명 가운데 1명만이 정답을 맞힐 수 있다는 말은 사실이 아니에요(친구 몇 명에게도 퀴즈를 풀어 보라고 해 보면 알 수 있어요). 여러분이 뭔가를 아는 단 한 명이라는 느낌이 드는 제목이나 기사가 있다면 어쩌면 질문을 던져야 하죠.

다른 예를 들어볼게요. 완전히 나쁘거나 아주 훌륭한 정치가라고 생각하게 만든 기사가 있는데, 여러분은 줄곧 그렇게 알았어요. 예를 들어 "형편없는 시장이 또 그랬어!" 또는 "우리 훌륭한 시장이 또 해냈어."라는 기사가 있어요. 여러분이 시장에 대해 어떻게 생각하느냐에 따라 둘 중 하나의 기사 때문에 다른 사람보다 더 똑똑하다고 느낄 수 있어요. "그럴 줄 알았어! 시장이 늘 그랬듯이 망쳐 버렸어!" 또는 "당연히 시장이 훌륭하게 해냈지! 시장은 항상 일을 제대로 잘하잖아!" (사실 정치 지도자는 완전히 다 나쁘지도 다 좋지도 않아요. 정치인도 여러분과 같거나 다른 의견을 낼 수 있고 가끔 실수를 저지르는 사람일 뿐이에요.)

우리는 당신을 사랑해요, 잭!

사인 좀 받을 수 있을까요?

사탕을 훔치려고 너구리를 훈련한 여성

수감 번호
26452번

오하이오주 클레몬트의 한 여성은 화요일에 경찰이 그녀의 아파트에서 25만 달러(약 3억 2400만 원) 이상의 사탕을 발견한 뒤 체포되었다.

한나 톨 경찰서장은 82세의 헤더 컨펙션(사탕과 과자)이 이웃집에 몰래 들어가 사탕을 훔쳐서 아파트로 갖다 놓도록 너구리를 훈련했다고 말했다.

톨 경찰서장은 컨펙션이 쓰레기통을 뒤지는 설치류(쥐류)를 본 뒤에 너구리를 잘 길들여서 훔치도록 훈련했다고 전했다. 또 다른 경찰은 "36마리의 동물이 컨펙션을 위해 훔쳤다."라고 말했다. 그 경찰관은 클레몬트 경찰이 핼러윈에 받은 사탕을 찾지 못한 아이들한테서 많은 항의를 받았다고 말했다.

"우리는 비디오로 맛있는 사탕이 든 자루를 끌고 가는 너구리를 잡았습니다."라고 톨이 말했다.

컨펙션의 아파트는 2만 5천 달러 상당의 사탕과 포장지로 어질러져 있었다.

너구리는 단것을 좋아한다. "누가 사탕을 싫어하겠어요?"라고 이름을 밝히지 말아 달라는 한 과학자가 말했다.

컨펙션은 5천 달러 이상의 절도죄로 기소되었다. 그녀는 구역질 날 정도로 맛없는 옥수수 사탕만 너구리에게 준 사실이 밝혀져서 동물 학대죄가 추가되었다.

그녀가 훔치라고 너구리를 훈련했다고?

알리

베넷

경찰이 비디오로 설치류를 잡았대.

잠깐만, 너구리가 설치류야?

어떻게 너구리를 훈련하지? 너구리는 똑똑하긴 하지만, 여전히 야생 동물인데.

이웃은 왜 너구리가 집을 돌아다니게 내버려 뒀지?

너구리는 사탕을 그냥 먹지 않나?

25만 달러 상당의 사탕이라고? 그렇게나 많이?

끝부분에서는 다른 숫자가 나와. 2만 5천 달러라고 했어.

그건 큰 실수야.

40

직감을 믿어요

알리와 베넷은 이 기사에서 몇 가지를 보고 "어, 잠깐만…"
이라고 생각했어요.

아주 좋아요. 인터넷에서 뭔가를 보고 "잠깐… 뭐지?"라고
말한다면 질문해 봐야 하기 때문이에요. 직감을 믿어요.
직감은 가짜 뉴스에 맞서는 첫 번째 방어선이니까요. 다음은
물어봐야 할 몇 가지 질문이에요.

• 너구리가 어떻게 사람들이 사는 집에 들락날락했을까?
• 어떤 사람이 왜 더 비싼 물건이 있는데 사탕을 훔치라고
  너구리를 훈련했을까?
• 돈을 헷갈리는 건 큰 실수인데, 다른 실수는 없을까?
• 이름을 숨긴 과학자는 누구지? 사탕과 너구리 중에서 어느
  쪽 전문가일까?

이 기사에서 몇 가지는 사실이에요. 핼러윈 기간에는 주위에
사탕이 많아요. 오하이오주에는 클레몬트 마을이 실제로
있어요. '동물 학대죄'와 '500달러 이상의 절도죄'는 진짜로
있어요. 너구리는 똑똑하고 손재주가 꽤 좋아요. 이런 진짜
사실이 나머지를 더 믿을 수 있게 만들었어요.

제6장:

이제부터는 좋은 뉴스를!

처음으로 혼자서 길을 건넜던 때를 기억하나요? 차에 치일 수도 있었어요. 하지만 그렇다고 해서 다시는 건너지 말아야 할까요? 당연히 아니죠! 단지 안전하게 건너는 법을 배우기만 하면 되죠. 인터넷도 마찬가지예요.

온라인에는 우리를 돕고, 즐겁게 하고, 정보를 주고, 다른 사람과 이어 주는 좋은 정보가 많이 있어요. 인터넷 없이 지내는 것은 상상하기가 힘들어요. 하지만 인터넷을 안전하게 사용하는 법을 배워야 해요. 가짜 뉴스를 찾아낼 수 있으면 모두에게 더 안전하고 믿을 수 있는 인터넷을 만들 수 있어요.

zapatopi.net

나무 문어를 구해 줘요!

얼마 뒤에는 나무 문어가 없어질지도 몰라요! 끔찍하지 않아요? 나무 문어의 숫자가 줄어드는 원인은 벌목, 기후 변화, 집고양이 때문이에요. 팔이 8개 달린 이 동물은 멸종 위기에 처할 수 있어요. 어느 날 나무를 봤는데 문어를 아예 보지 못할 수도 있어요. 다 함께 나무 문어를 구해 줘요. 자세한 내용은 여기를 클릭하세요.

음… 잠깐만요.

자타토피 웹사이트(zapatopi.net)는 우리가 이 기사를 믿기를 바라고 있어요. 웹사이트에는 나무 문어에 관한 정보와 심지어 동영상도 올라와 있어요. 웹사이트의 정보 페이지는 그럴듯해요. 그리고 나무 문어 정보가 있는 다른 사이트로 연결하는 링크도 있어요.

그런데 뭔가 안 맞아요. "어떻게 나무 문어가 물 밖에서 숨을 쉴 수 있지? 나무 문어는 뭘 먹지? 왜 한 번도 들어본 적이 없지?"처럼 궁금해할지도 몰라요.

의심하는 게 맞아요. 왜냐하면 나무 문어는 존재하지 않거든요. 이 웹사이트는 1998년에 사람들에게 읽는 것에 관해 더 주의 깊이 생각해 보라고 장난으로 만든 거짓말이었어요. 여러분이 그랬던 것처럼요.

가짜 뉴스를 찾으려면 크게 생각해요

웹사이트의 정보 페이지를 확인해 보고, 도메인 이름(인터넷 주소)에서 닷컴(.com) 대신에 닷오알지(.org)를 찾아봐요. 이 두 가지 방법은 사람들이 가짜 뉴스를 알아차리도록 도와줘요. 오늘날 가짜 뉴스 사이트는 어떤 도메인이든 원하는 도메인을 거의 다 사용할 수 있고, 정보 페이지에 뭐든 쓸 수도 있어요. 이 방법 대신에 읽는 내용에 대해 비판적으로 생각하는 편이 더 좋아요. 다음 질문을 자신에게 해 봐요.

1. 그 뉴스를 보고 무언가 '이상한' 느낌이 드나요?
2. 더 감정적인 기분이 드나요?
3. 출처가 어디이며 누가, 왜 올렸는지 믿을 수 있나요?
4. 잘 알려진 언론사에서 보도했나요?

아마도 여러분은 이제 가짜 뉴스를 잘 찾을 거예요. 그럼 한 단계 올려 볼까요? 다음 페이지에서는 가짜 뉴스를 더 빠르고 쉽게 알아보는 몇 가지 좋은 방법이 나와요.

가짜를 막아요

가짜 뉴스를 더 많이 조사할수록 더 빨리 찾을 수 있어요. 결국에는 몇 분, 또는 몇 초 내로 가짜 뉴스를 알아차릴 수 있어요. 항상 맞지는 않겠지만, 몇 초만으로도 가짜 뉴스를 공유하지 못하게 막을 수 있어요.

공유하기 전에 멈추고 생각해야 할 순간 중에서는 뉴스 속보가 나올 때가 가장 중요해요. 예를 들어 자연재해처럼 뭔가 크거나 중요한 일이 벌어지면 사건이 계속 밝혀지는 중이에요. 사람들은 재빨리 소셜 미디어에 중요한 뉴스를 올려요. 자신이 보고 들은 것을 모두에게 말하고 싶어 하죠. 그렇지만 초기에 올라온 많은 게시물에는 정확하지 않은 정보가 들어 있어요. 정확하지 않은 정보를 공유하기 전에 '뉴스 속보'가 더 자세한 정보와 내용을 밝히기를 기다리는 것이 중요해요.

공룡 행진

> 티렉스다!
> 살아 있어!
> 와!

팩트 체커는 무엇을 알고 있나요?

2017년에 스탠퍼드 대학교 학자들은 세 집단으로 나눠서 전문 연구원을 모았어요. 연구를 많이 하는 역사학자 10명, 인터넷 사용에 대해 많이 아는 학생 25명, 정보가 정확한지 알아내는 일을 하는 팩트 체커 10명으로 이뤄졌어요. 스탠퍼드 학자들은 웹사이트 2개를 각각 보여 주고 어떤 웹사이트의 정보가 더 믿을 만한지 정해 달라고 했어요. 학생들은 대부분 틀린 웹사이트를 골랐어요. 역사학자들은 절반 정도만 두 웹사이트가 괜찮다고 생각했어요. 하지만 팩트 체커는 1명도 빠짐없이 어떤 사이트가 가짜인지를 다 알아냈는데 그 속도도 빨랐어요.

팩트 체커들은 어떻게 제대로 해냈을까요? 그들은 웹사이트를 나갔어요. 학생과 역사학자들은 웹사이트에 달라붙어서 잘 꾸며진 제목과 링크와 로고에 종종 속아 넘어갔어요. 하지만 팩트 체커들은 웹사이트를 재빨리 살펴본 뒤에 구글로 키워드를 검색했어요. 팩트 체커들은 그 사이트를 누가 만들었는지를 알아내고서 사실을 확인했어요.

팩트 체커들이 한 일이 하나 더 있어요. 바로 '클릭을 줄이는 거'였어요. 그들은 검색 결과 중에서 한두 페이지만 싹 훑어보고 가장 관련이 많은 기사만 조심스럽게 골라서 읽었어요. 구글 검색에서 가장 먼저 나온 결과라고 해서 반드시 가장 좋은 정보는 아니에요.

믿을 만한 뉴스 출처 목록 만들어 보기

가짜 뉴스를 피하는 가장 쉬운 방법은 잘 알려진 언론사나 철저히 조사한 뉴스 출처처럼 뛰어나고 믿을 만한 뉴스 출처 목록을 만드는 거예요. 매우 다양한 종류의 출처를 포함하면 여러 가지 관점의 뉴스를 얻을 수 있어요.
믿을 만한 출처가 있으면 가짜라고 의심되는 뉴스를 확인하는 데 쓸 수 있어요. 중요한 듯한 이야기이지만 믿을 만한 출처에서 다루지 않았다면 가짜 뉴스일 수 있어요.

강아지를 좋아하는 사람은 바보일까요?

이제 가짜 뉴스를 찾아내는 법을 알고 있으니까, 알리와 베넷이 가짜이거나 아닐 수도 있는 이 기사를 어떻게 다루는지 살펴봐요.

theharold.com.co — □ ✕

연구 결과, 강아지를 좋아하는 사람이 고양이를 좋아하는 사람보다 '훨씬 더' 멍청해

강아지를 좋아하는 사람에 관한 국제 연구에서는 강아지를 좋아하는 사람들이 고양이를 좋아하는 사람들보다 10% 더 멍청하다고 밝혔다.

"고양이가 강아지보다 좀 더 낫죠."라고 레너드 스팍 박사가 말했다.

20명이 참려한 이번 연구는 <난센스 뉴브런즈윅 저널>에 소개되었다. 참가자들은 얼마나 똑똑한지 알아보는 여러 질문을 받았다. 고양이를 좋아하는 사람들이 10점 만점 중에서 7점을 받았는데, 강아지를 좋아하는 사람들은 10점 중에서 6점을 받았다.

"10점 중에서 6점은 너무 형편없어요."라고 다른 연구원이 말했다.

"강아지를 키우는 사람은 강아지가 아니라 고양이를 키워야 한다는 것이 연구를 통해 분명해졌어요."라고 고양이 전무가 J. 험버그 교수가 말했다.

이 기사는 가짜야, 가짜,
가짜라고!

맞아.

 제목이 너무 유치해.

'훨씬 더'를 왜 강조하지?

 기자 이름이나 사진 출처도 없어.

'참려한'은 어때? '참여한'
아냐?

 응, 그런데 진짜 기사에서도
틀린 글자를 본 적 있어.

다른 것도 있어.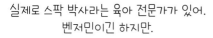

 레너드 스팍은… 들어본 것
같아.

실제로 스팍 박사라는 육아 전문가가 있어.
벤저민이긴 하지만.

 그래, 그런데 레너드 니모이는
영화 〈스타 트렉〉에서 스팍을
연기했잖아!

그럼 사실을 바탕으로 했구나… 어느 정도는.

 그건 그렇고 '고양이 전문가'는 뭐야? 내 말은
'전무가' 말이야! 글자가 또 틀렸어.

〈난센스 뉴브런즈윅 저널〉
을 찾아봐야 해. 진짜인지
아닌지 말이야. 이름이 좀
웃긴 것 같아.

 겨우 20명만 인터뷰했잖아. 진짜 과학
연구에 충분한 걸까?

'강아지를 키우는 사람은 강아지가
아니라 고양이를 키워야 한다.'는 충고도
이상해.

 이 중 한두 가지로 봤을 때 이 기사는 사실이
아니야. 그런데 다 짜 맞추면….

그러게. 아무거나 클릭하면 안 돼.
특히 밑줄이 두 줄 그어진 단어는 아마
광고로 연결될 거야.

 가짜에 속지 말자!

47

끝맺는 글
비판적 사고는 정말 중요해

비판적 사고를 잘 갖추면 아무리 좋아 보여도 가짜 뉴스를 찾아낼 수 있어요. 이 책의 내용을 정리해 볼까요. 온라인에서 뭔가를 좋아하거나 공유하기 전에 다음 사항을 꼭 해 봐요.

뉴스 속보
기름 유출 정리 중

− ☐ X

1. 질문해요. 의심해 봐요.
2. 무엇이 옳지 않은지 스스로 물어봐요.
3. 그 이야기에 큰 감정이 생기려고 하나요?
4. 다른 매체가 그 이야기를 다뤘나요?
5. 출처를 확인해 봐요. 누가 올렸나요? 그 사람들에 대해 뭘 알고 있나요?
6. 글쓴이, 사진 기자, 인용한 사람을 확인해 봐요. 진짜인가요?
7. 다른 사람이 뭐라고 말했는지 검색해서 확인해 봐요.
8. (키워드 검색 같지만), 이미지에 대해 반대로 이미지 검색을 해 봐요. 원래 이미지가 바뀌었나요?
9. 날짜를 확인해 봐요. 날짜가 오래되었나요?

가짜 뉴스에 대해 뭘 할 수 있을까요?

가짜 뉴스를 발견하면 클릭하지도, '좋아요'를 누르거나 공유하지도 말아요. 분명히 가짜 뉴스인데 해롭지 않은 것 같다면 그냥 무시해도 돼요. 어떤 사이트는 사용자를 차단하거나 말하지 못하게 해서 게시물을 더는 보지 못하게 해요. 누군가 다른 사람에게 해를 끼칠 수 있는 게시물을 올린다고 생각하면, 믿을 만한 어른에게 알려요. 어른들이 가짜 뉴스를 신고해서 조사하거나 끌어내릴 수 있어요. 트위터와 같은 대부분의 소셜 미디어 사이트에는 사용자가 버튼을 눌러서 해롭거나 욕하는 게시물이나 봇을 신고할 수 있어요.

싹싹 갈리는
믹서

싹싹 갈리는
믹서

올스타 농구

르브론처럼
경기하기

아주 끈적끈적한
왁스

토스트에 바르면
아주 좋아요!

아주 끈적끈적한
왁스

뉴스 속보
큰길에 코끼리 등장

보도진 5

가짜일지 진짜일지 결정해 봐요

이제 배운 것을 연습할 차례예요! 이 기사가 가짜라고 생각해요? 아니면 진짜라고 생각해요? 어떻게 알아낼 건가요?

---

teachingkidsnews.com   — □ X

강아지가 병원 밖에서 충실하게 주인을 기다려

조이스 그랜트 기자
1월 22일 금요일

작고 귀여운 잡종견 본쿡이 마침내 주인에게 돌아갔다.

본쿡은 지난 6일 동안 주인이 치료받고 있던 터키의 한 병원 밖에서 참을성 있게 기다렸다. 매일 본쿡은 아침 9시에 병원에 와서 저녁마다 집으로 돌아갔다.

주인인 세말 센투르크는 구급차를 타고 병원에 와서 뇌색전을 치료하고 있었다. 본쿡은 아파트에서 빠져나와서 병원까지 구급차를 따라왔다.

사진 제공: 야라 우차르

그때부터 본쿡은 매일 집을 빠져나와 병원 밖 계단에서 계속 염려하며 지켰다. 센투르크 가족은 강아지가 어떻게 매일 집을 나오는지 잘 알지 못했다.

병원 직원은 강아지를 쓰다듬고 먹이를 줬다. 게다가 본쿡이 앉아 있도록 작은 깔개도 마련해 줬다.

둘은 본쿡의 주인인 센투르크가 치료를 잘 받은 뒤인 1월 22일에 마침내 다시 만났다.

 뭔가 좀 이상하지 않아?

 어쩌면….

 강한 감정이 생기니?

응, 지금 눈물이 나려고 해. 정말 귀여운 강아지야!

더 조사하기 위해 자세한 내용을 찾아보기로 해요.
다음은 인터넷에서 검색한 결과입니다.

검색한 내용: 센투르크는 어디에 살았나?

🔍 검색 결과: 병원에서 가까운 아파트인 것으로 나옴.

검색한 내용: 염려의 뜻

🔍 검색 결과: 걱정하는 것

검색한 내용: 본쿡 병원

🔍 검색 결과: 107,000개 결과, 가디언지, 연합통신(AP), CNN, 유튜브 등을 포함한 많은 뉴스 기사와 동영상이 나옴.

검색한 내용: 본쿡의 뜻

🔍 검색 결과: 터키어로 구슬

검색한 내용: teachingkidsnews.com 출처

🔍 검색 결과: 2010년부터 아이들을 위한 뉴스를 제공한 웹사이트

이 이야기는 두 가지 의심스러운 점으로 시작해요. 강한 감정이 생기고 너무 좋은 이야기라서 어쩐지 사실이 아닌 것 같아요. 강아지가 매일 병원과 집을 왔다 갔다 했다고요?

강아지가 어떻게 아파트를 빠져나올 수 있는지부터가 궁금했을 수 있어요. (어쩌면 40페이지에 나온 사탕을 훔치는 너구리에 관한 가짜 뉴스나 42페이지에 나온 나무 문어에 관한 웹사이트가 떠올랐을지도 몰라요.)

하지만 이 이야기에는 기자와 사진 기자의 이름이 있고 합법적인 웹사이트였어요. 그리고 인터넷으로 검색해 보니 동영상 화면뿐만 아니라 믿을 만한 사이트를 포함한 많은 뉴스 매체에서 이야기를 다뤘어요. 진짜 뉴스 기사처럼 보이기 시작하지 않나요? 그렇죠?

우리가 아는 한 이 이야기는 진짜예요! 뭐든 가능하니까, 모든 뉴스 매체가 다 속고 이야기와 동영상이 꾸며질 가능성이 아주 조금 남아 있어요. 하지만 이쯤 되면 거의 그렇지 않아요. 그리고 좋은 소식이 하나 더 있어요. 여러분이 인터넷에서 뭔가를 읽을 때마다 이런 방법을 써서 가짜 뉴스를 확인할 수 있다는 거죠.

여러분은 가짜 뉴스를 찾는 전문가이므로 가짜 뉴스가 퍼지지 않도록 멈출 수 있어요. 아니면 다른 사람에게 가르쳐 줄 수도 있어요. 우리가 모두 함께 힘을 합친다면 아마도 언젠가 인터넷에는 좋은 이야기만 남게 될 거예요! (귀여운 동물 동영상은 진짜 뉴스라는 건 알죠?)

작가의 말

이 책을 읽어 줘서 고마워요. 그리고 저널리즘과 사실, 뉴스에 관심 가져 줘서 감사해요.

나는 어린이 여러분이 뉴스를 더 많이 접하게 하려고 11년 이상 티칭키즈뉴스 웹사이트(TeachingKidsNews.com)에서 어린이를 위한 뉴스를 만들고 있어요. 매년 수천 명의 학생을 만나서 저널리즘에 관해 얘기하죠. 우리는 잘못된 뉴스, '가짜 뉴스'와 아이들이 뭘 할 수 있을지에 관해 점점 더 많이 얘기하게 되었어요. 그런 이유로 이 책을 썼어요.

지금까지 알다시피 '비판적 사고'가 가장 중요해요. "누가 만들었나요? 왜죠?"라는 질문과 가장 중요한 "맞는 이야기인가요?"라는 중요한 질문을 던져 봐요. 잘 꾸며진 가짜 뉴스로 아무리 교묘하게 속이더라도 비판적으로 생각하면 지어낸 이야기와 사실을 구별할 수 있어요.

인터넷은 놀라운 도구입니다. 인터넷은 우리를 연결하고, 우리에게 정보를 주고, 우리를 즐겁게 해요. '가짜 뉴스'를 만드는 사람이 나한테서 인터넷에서 얻는 즐거움을 빼앗지 못하게 할 거예요. 여러분도 그래야 하죠. 우리가 이 책에 나온 몇 가지를 실천하며 함께 노력한다면 인터넷을 더 좋고 더 믿을 만한 곳으로 만들 수 있어요. 이를테면 클릭하기 전에 생각하기처럼 말이죠. 꼭 한번 믿어 봐요!

조이스 그랜트 글

프리랜서 기자이자 험버 대학교의 언론학과 교수입니다. 세계적 상을 받은 웹사이트 '티칭키즈뉴스(TeachingKidsNews.com)'를 운영하며 아이들과 교육자를 위한 뉴스를 싣고 있습니다.

개비 그림책 시리즈와 중학생을 위한 두 권의 소설책을 포함해서 여섯 권의 아동서를 쓴 작가이기도 합니다.

캐나다의 온타리오주 해밀턴에 살고 있어요. 조이스 그랜트 닷 워드프레스(joycegrant. wordpress.com) 웹사이트에서는 조이스의 정보가 믿을 만한지 알아볼 수 있습니다.

캐슬린 마르코트 그림

미국 시카고에서 나고 자랐으며, 지금은 오하이오주 클리블랜드에 살고 있습니다.

메릴랜드 예술대학에서 그림을 전공했고, 그가 그린 재미있는 그림은 〈워싱턴 포스트〉와 〈하이라이트〉 잡지 등 믿을 만한 여러 언론 매체에 실렸습니다.

그린 책으로 《똑똑하고 용감한 슈퍼 히어로 백신》이 있습니다.

한성희 옮김

저널리즘을 공부했으며, 현재 번역 에이전시 엔터스코리아에서 전문 번역가로 활동하고 있습니다.

옮긴 책으로는 《진정한 아름다움》, 《종소리 울리던 밤에》, 《겨울은 여기에!》, 《작은 별을 주운 어느 날》, 《지구를 지켜줘!》, 《리키, 너도 구를 수 있어!》, 《삭은 구름 이야기》, 《산타의 365일》, 《어마어마한 곤충의 모든 것》, 《하루살이에서 블랙홀까지, 대자연의 순환》, 《우주에서 외계인을 찾는 과학적인 방법》 등이 있습니다.

단어 풀이

과장: 관심을 끌려고 사실보다 지나치게 불려서 더 흥미롭게 나타내는 것.

관점: 사람이 자신이 겪은 삶의 경험을 바탕으로 세상을 바라보는 방식.

기고문: 특별히 글쓴이나 방송 진행자의 의견에 청중이 동의하도록 쓰거나 촬영한 뉴스 기사. 사설이나 칼럼이라고 부르기도 한다.

기사광고: 물건의 쓰임이나 효능 따위를 기사처럼 써서 소개하고 배치한 광고.

뉴스 피드: 게시된 뉴스의 내용을 한 뉴스 서버에서 다른 뉴스 서버로 전달하는 것.

디지털 리터러시: 디지털 기술에 관한 이해와 활용 능력.

딥페이크: 보통 누군가 말한 적이 없는 내용을 말한 것처럼 보이게 하려고 하나의 오디오를 다른 영상과 합쳐서 만든 오해하기 쉬운 동영상.

리드: 일반적으로 신문의 기사, 논설 등에서 가장 중요한 정보가 포함된 첫 문장.

리뷰: 물건을 소개하거나 간단한 평가를 담은 글.

링크: 인터넷 홈페이지에서, 지정하는 파일이나 문자열로 이동할 수 있도록 걸어 놓은 홈페이지 간의 연결 장치.

봇: 특정 작업을 반복 수행하는 프로그램.

비판적 사고: 읽고 본 것을 그냥 사실로 받아들이는 것이 아니라 그것에 대해 생각하고 질문하는 행동.

선전: 보통 정치나 세계적인 사건에 대해 심하게 편파적이거나 오해를 일으켜서 독자를 설득하려고 만든 가짜 뉴스의 종류.

소셜 미디어: 스냅챗, 유튜브, 인스타그램, 페이스북, 트위터, 틱톡, 왓츠앱처럼 사람들이 정보와 동영상과 사진을 공유하는 디지털 플랫폼.

웹사이트: 사용자들이 인터넷에서 정보가 필요할 때 언제든지 그것을 제공받을 수 있도록 웹 서버에 정보를 저장해 놓은 집합체.

의심: 확실히 알 수 없어서 믿지 못하는 마음.

인공 지능(AI): 인간의 두뇌와 비슷한 방식으로 배우고, 완벽히 일하며, 문제를 풀 수 있는 컴퓨터 시스템.

인종 차별: 인종적 편견 때문에 특정한 인종에게 사회적, 경제적, 법적 불평등을 강요하는 일.

인플루언서: 누리 소통망 서비스(SNS)에서 수많은 팔로워를 보유해 대중에게 영향력을 미치는 사람.

저널리즘: 신문이나 방송, 잡지 등을 통해 대중에게 시사적인 정보와 의견을 제공하는 활동.

정보 페이지: 웹사이트의 목적과 의도한 대상과 때론 누가 만들었는지를 알려 주는 페이지.

정정: 뉴스 기사에 나온 틀린 글자, 실수, 잘못된 정보를 고쳐서 바로잡는 것.

출처: 정보나 사실이 시작된 곳. 출처는 뉴스 기사에서 인터뷰한 사람이나 웹사이트의 게시자일 수 있다.

통신사: 신문사나 잡지사, 방송 사업체 따위에 뉴스를 제공하는 기관.

트래픽: 웹사이트나 게시물, 동영상과 같은 온라인 콘텐츠를 보거나 클릭하는 횟수.

팔로워: 구독자. 누리 소통망 서비스(SNS)에서 특정한 사람이나 업체 등의 계정을 즐겨 찾고 따르는 사람을 이르는 말.

팩트 체커: 뉴스 보도의 정보를 확인하고 검증하는 일을 하는 사람.

편견: 공정하지 못하고 한쪽으로 치우친 생각.

편파: 자신이 겪은 경험으로 인해 세상을 바라보는 기울어진 시각이나 견해 또는 편견.

풍자: 웃기려고 무엇에 빗대어 사실을 과장하거나 비꼬아 표현한 것.

헤드라인: 신문이나 잡지 등에서, 주요 기사에 다는 제목 또는 그 주요 기사.

가짜 뉴스 찾기 전문가가 된 것을 축하합니다!

찾아보기